JN038253

かおり的
家ご飯

MoMOI by KAORI

桃井古希

目次

山菜そば・とろろそば

お好み焼

スパゲティーの

めんたい

ミートソース　ポマトソー

バーベーコン

ラーメン（塩・みそ・しょうゆ）

冷し中華・おにぎり

ビーフン・ホンコンそば

屋台やきそば・あんかけ焼そば

ホットドッグ・カツサンドとか

カレーうどん　お茶づけ

肉＋白菜サラダ
焼き魚・唐揚 とりツメガラゲ
カレー・ビーフシチュー
おでん、コロッケ
…かつ、ギョーザ
…定食、白鳥トエル
…汁、ハンバーガー
…豚・マーボ豆腐
…ご飯、鮭塩焼き
プライ、スクロック…しお焼
スパゲティー…

フォアグ…
山栗
ご飯…
スパ…
めんたい
ミートソース
ラーメン…
冷し中…
ビーフン
屋台やき
ホットド…
カレーうし…

#世界飯

Q.

世界を股にかけた桃井！流石です！中華・イタリアン・タイ・ロンドンパブ・いつも
レパートリィーの多さに驚く、何でこんなものまで作れるの桃井？

A.

いやいや、股にかけてないし〜作れるんじゃなくてただ作ってみるのさ〜😆
だいたい毎日同じようなもの作ってたら😵作るこっちが飽きちゃうよ！
それに食べて感動的美味しものって、なんか体に味覚の思い出？残り香？みたいな子達が
ゴロゴロ残ってて大体多分作れるよ〜（ちなみにうちの連れは絶対音みたいに
絶対舌で😀何が入ってるとか解る奴なの。なのに料理しないの！）

やってみるのか？やってみなかったか？体が経験してるってなんか人生じゃないのかい？
日常が活気付く👻毎日料理で冒険だ！！
それにコロナ禍ではLAなんか全部レストラン閉まってたからね,,,,
（その上うちの絶対舌の旦那はホテル生まれ、外食育ち、パブ暮らしみたいな人だったんで）
そうなると我らはもっと行きたくなる訳で、しょうが無いから本気でこのレストランやってる
つもりで、オーナーシェフに成り切って、ナニジンにだってなってやってみてくださ〜い。
それにうちの店だとこの常連さんたった一人と決まってるんで、プロとしては見捨てられない
よう必死になる😵品代え器代え気分代えも手を抜かず😬桃井！くらいにはすぐ成れます😊

花山椒いっぱいの激辛麻婆豆腐。
春巻き、おこわ、ヨモギのゴマ和え。

海老もある‼️サラダも‼️ならばと、ライスペーパーネットショップして生春巻😋
ついでにタイ風黒酢バッファローウィング⁉️
あとは肉まん？うん！

本日、フォーです。ナンプラー使いこなしたい〜‼️ 鶏ガラとナンプラーでいい感じのスープ。あとはビーフしゃぶしゃぶと庭のバジルと生野菜でなんだかそれ風、いや最高😋

黒酢酢豚とパラパラ玉子ピラフ、です😋。
アメリカ中華なんか甘ったるいから😝。
そうなんだよね〜😄！何て言い合ってる
のが美味しくなる隠し味！

冷やし中華。ボクチョイはオイスター
炒め、サヤエンドウとズッキーニと
ハムとやっぱり炒り卵。作り過ぎた！
が食べきれた😄

焼きそば🍜と降りてきた旦那
"あれ？ 屋台の奴じゃなくて？"
今日は高級ホテルの高級中華レスト
ラン風の賞味期限野菜盛り沢山アンカ
ケ焼きそばです😄お代は頂きません😝

プルコギ白菜で包んで。こっちの白菜って多分サラダでも食べるからか？チコリみたいで🐷なの。本当はこの後おうどん入れるべき。。でも無理😂残念！

竹の子と美味しい椎茸に卵、ブロッコリーの芯、四川の‼️花山椒と黒酢まであるとなりゃホット＆サワースープしかないっしょ？ケールは卵と炒めて‼️

可愛い〜出来立て自家製シュウマイ！ほうじ茶で蒸しましたーーー下にひいた白菜がまたいい！
(👆にワンタンの皮のっけ合挽き肉突っ込んでシュウマイに整える！だけ)

餃子入れて香港風海老麺と芽キャベツ、腸詰めでワンタンヌードルスープ。ロンドン中華で昼してる様な！

ジャージャー麺（ズッキーニと茄子とお肉ソボロ味噌）1日2食、野菜ファーストなんで具沢山!!

作りおき激辛ニンニク唐辛子肉をうどんにのせただけで、屋上生活が香港ペントハウス暮らしのようです。この時期のリノベーションは出掛けられないし人も来るしやっちゃ駄目😊

Q. ね〜料理のレシピ教えてください〜何か特別な調味料とか？おすすめは？

A.

世界を股にかける桃井！が薦める見つけたら絶対買え！のおすすめ調味料は、

【花椒】

ワラシはロンドンの中華街の中にある専門店で見つけてもう買い占めた。これが有れば
白金"四川"(中華料理)のマーボードーフが作れる。

【アバロンソース】

そこでついでに買った鮑のソースも、あれば"筑紫樓"のフカヒレのあのスープです。
白菜にこのソースでも最高でした〜

【黒酢】

ピンヤオ(平遥)映画祭で行った中国の平遥というとこの黒酢！黒酢の名産地だったらしんだが、
その飲みたくなる美味しさ。あれも日本ならどっかで手に入るはず。
(花韮ーーー番外編だが、上海蟹の季節に上海で蟹よりハマったのが花韮。
サッと油通しただけの奴。香港とかでも八百屋さんで見つけて炒めて食べたが美味し！
Leek君とあなた絶対付き合った事あるでしょ？って感じなんですが、、、意味わかんないすよね？)

【ハラペーニョのお醤油漬け】

ただお醤油にガーリックと一緒につけて置いて、ちょっとパンチが足りない時、
ガーリックライスとかに、涙3滴とか、ちょこっと刻んで入れるとか？

【"肉のハナマサ"のはまぐりだしの素】

世界に股かけ過ぎたが😵どうせ日本には何でもある。でもお手軽で愛用してる奴おすすめ！
パスタ茹でるとき絶対入れて！間違いない。せっせとLAのご飯仲間に運び続けて早16年物です

【鰹節を削る】

昔々、朝食前は鰹節削る音がした〜って知ってた？これ結構面倒だが頑張っても一度やるべき！
もう2つまみでも入れたら新しい味噌汁伝説、素うどん生まれ変わり目から鱗、すべての日本食📷
の母なる力がこれでした。

【蒸籠】

これは絶対持ってた方が良いス〜。中華みたいに作っては出す作っては出すってな時、
蒸しときゃいいから箸休めになって、お待たせせずに済む、何てったって蒸すだけですから。
でも蒸し湯に烏龍茶入れて〜ほうじ茶もいいよ〜なんか蒸し物がポワ〜ンとしてしあわせになりま〜す

【肉はかたまりを砕け🍖】

ほんとLAで一番思い知ったのはどの肉でもかたまりから崩せば100倍美味しい。全ての蟠りから
も解放😵骨で出汁とれホトトギス！もお忘れなく

旦那が"ビーフ・ウェリントンやってみたら〜?"de‼ステーキ肉まんだ。でもお肉包むと凄く美味しいんでまた挑戦‼‼
美味いピザ生地の作り方教えて。うちのは固いパン😆

スジ肉ってこんなに美味しいとは😊
時間こんなに有るんでコトコト煮たらトロトロ肉のビーフシチューになりました‼この肉もっともっと使えるぞ〜
今度スジ肉おでんにも入れた〜い。他に何する?

ワイルドマッシュルームのスープからクラムチャウダー、具だけ残ったんでチーズキッシュにして食べきり。つまみがあたらしい😊しょ?

何でも作るよ‼に
"[ペポネ]で食べたカリフラワーのカラシの奴!"と忘れてたお料理思い出させてくれました😊
そう、蒸したカリフラワーに日本が誇る出汁+バター+カラシ。
"💧これ出汁じゃない?"と旦那が見事言い当てて無理矢理シェフから聞き出したレシピです‼

スモークドローストビーフ〜‼ツマミ
で楽しんだら握ってみました（ホース
ラディッシュorわさび柚子、辛し紫
蘇ちょいのせ）

あさりGet！急いでボンゴレパスタ😋
冷蔵庫の片隅にいたカラスミ、粉に
して途中でパラパラ、やってね😊

"鉄板してなきゃナポリタン違うやろ！
目玉焼き乗ってんとな‼"関西のナ
ポリタンはそうなんだとTVで知りま
した、やってみました。美味しかった
〜😊

初めてピザ生地からやってみました
大セイコー。旦那は明日も食べる〜‼って。
明日は庭のチムニィ〜で焼いてみる〜

牛とポークのハンバーグ。なんで手作りだとこんなに美味いの！ちょこっと山芋の糠漬け😊いやいけます、色々やってみましょ‼

青春のひと　すべてのひと　ボクのひと

#レタス食べきり

Q.

🍃食べ切り少々の感動でございます。いつも何かしら野菜をダメにしている私とは大違い
だいたいアメリカの食材分量はコストコ並みだと聞いております。食品ロスしないのも地球に
優しい桃井様ならではです。

A.

恐れ入ります😊 それほど地球の健康を考えてるわけでもなかったんですが、、まあ個人的な理
由であろうと最終的にエコフレンドリィーということに成ってはおります😎
LAと東京を行ったり来たりしている生活の中でただ一つ、プロの主婦を目指している桃井が
密かに決めてたのは、そう！その"食品ロス"を出さないと言う事だったのです！
でも冷蔵庫が寂しいと本当に心まで貧しくなるのが主婦のサガ、だから"何でもできるぞ〜"って
リッチな幸せ何時でも感じたくて、思い切り食べたいものは買ってしまう。
が、出発前に残ってしまいそうな時は前もって、ご飯はちらし寿司にしたりお稲荷さんにして、
筍ご飯、ガーリックライスかピラフに。
野菜は、キャベツはコールスローか糠漬け。胡瓜はピクルス大根は千枚漬けにしてお友達にも
らってもらう事にしているのです。
美味しければそれは決して迷惑でもない、はず、という強い思い込みに至っています。
昔々近くのお節介婆〜さんが色々おかず持って来てくれたのもきっとこんな事だった
"1人だとどうせ残っちゃうから〜"でもそれを一番楽しみにしてたオカッパのあのかおりちゃん
がそこにいたのです。今私はあの婆さんになっている訳です😢
ただどうにも困るのが一束8個のローマンレタス、、、なので御座います。レタス買うと小心の
桃井は焦って食べきりの日々が始まる訳で（笑）でも鳥じゃ無いんだから〜というくらいサラダ
好きの旦那のおかげで、桃井もそこそこサラダ好きになってはいるのです。
そうです！アメリカに来て一番感動してるのはサラダの美味しさかと存じます😊

DAY 1.

レタス山ほど買いました。まずは本格的シーザースサラダ。レタスは冷た〜く、入れる物入れたら！ガーリックに半熟とろとろ卵でオリーブオイルと胡椒とにかくマゼマゼドレッシング！

レタス食べきり😊紫蘇レタスサラダ。
ナンプラーにすし酢とレモン絞って
とうがらしちょっとのドレッシング。
こっれ最高に！美味しいいくらでも
食べていられる😊

DAY2.

レタスラップ！筍と蓮根のオイスター
炒め😊ニンニクといっぱいの唐辛子で
豚肉そぼろ。レタスは極冷でなければ
ならないのがラップ界の掟である😊

DAY3.

シーザースサラダはベーコンちょこっと温かめ、ガーリック効かしたドレッシング、チーズは薄く薄く、段々ご馳走になってきたゼ〜😋

またサラダな朝〜‼️サラダかスープな朝が続いてる我ら😊まだ飽きない旦那とすっかり飽きてる私😅せめてスモークサーモンいれてみました〜

DAY4.

DAY5.

ハイ！レタス食べきり毎日サラダ!!
ハム、トマト、スナップエンドウ、卵、
玉葱ちょこっとでナンプラードレッシ
ングで。
"色可愛いと食べる人まで可愛く見え
るね？"
に、なぜか照れて慌てる人かわいい♥

DAY6.

028

8個のレタス1週間で食べきりました！
日に日に美味しくなってきました😇
今日のはタコスサラダ。ムーイビエン!!

DAY7.

LAにいると追い詰められて何か作りたくなる。今回はずーと気になってたソファーにカーペット6枚でカバー作りました。すごい☺畳屋さんみたいに本気でやりました。こんなに素敵に。ありがとうやる気☺

#LAで和食

Q.

ほんとうにLAにいらっしゃるんですよね? 打ちたて蕎麦なんてどちらで?
私もシアトルに住んでもう30年近くです。
桃井さんのインスタ見てて改めて日本ご飯に目覚めてます。
やっぱり日本人は日本食が元気出ます、しみじみです。

A.

[強くなければ居られない、優しくなければ居残れない] 仲間に助けてもらいながらも、
他所の国で、外人として、ここで暮らす人間、の鉄則だとしみじみ言ってた先輩がいます。
桃井は実は情けないくらいの弱虫で、だから"打ちたての十割そば食べた〜い!"なんて
思いだしたらすぐ逃げ帰っちゃうと、直ぐに蕎麦打ち教室に通い😄寿司大学に通い😄
なんて密かな努力を積み重ね本日に至ります。
蕎麦粉は今やベニスビーチの自然食材屋（多分クレープ用）で売っとります😎
最後はそばがき摘みながら、パスタ用の製麺機でエンジェルヘヤーちょい太いくらいで
見事な仕上がり。見事に手抜き。
寿司はちょこっとおデブさんですが、不恰好だから愛しい家寿司です。
あとは鰻でも割けレバ、このままの移住も可能です（笑）
案外食べれないのがコロッケ!きっとコロッケじゃお値段取れないからか?
トンカツも白身が嫌われてるんでなかなか会えないんでしょ?本日はメキシコスーパーで
肉の塊2塊も買って来たんで、若者集めて一気に揚げます!今夜はトンカツ屋です

新鮮な芽ネギ、椎茸あぶったの、茄子も
いい感じの浅漬けなんで野菜寿司😊
竹の子ご飯で寿司飯にしたらにぎれ
ない😣が味はいい！

自主的に2週間籠る気であと5日と
思ってたら、今日から外出制限です
と、、、なのに5時に起きるのはなに?
朝食は鮭でーす。
気分だけでも出掛けよ〜旅館で朝御
飯いただきまーーす😊

 炊きたてご飯だとおかず要らない😊
あと豚汁（豚肉に蒟蒻、ニンジン、大
根、ゴボウ、里芋の代わりに長いも、長
ネギ、これだけ入れば十分おかず！）

 ツマミは‼糠漬け。ちょっと忘れてる
間に良い感じに出来上がっておりま
したが、明日からはもう追われるよう
な😭。。

今朝はメニューにないおにぎりの注
文が入りまーした！
"シソと梅干しゴマあり＆鮭と昆布ゴ
マなし"ついでにキャベツの漬物と完
璧な豚なし豚汁もサービスして。

家のBAR、つまみ三昧。
突然食べたくなる茶碗蒸し。茄子の
味噌田楽(他に八丁味噌の使い方教
えて💡?)ベトナムはんぺんに日本最
高わさび漬け。

 お豆腐ステーキポン酢(かたくり粉
つけて揚げる)で食べてたら、これに
蕎麦汁で揚げ出し豆腐だ!と😁
イヤ〜どっちも好き‼

お茶漬けで😋といわれ。
メインは朝取れの茄子の塩揉みなん
て予定😄でも浮かれて写真撮るの忘
れた人〜誰だあ〜‼

おでん！思いついておでん！です。つまみはさつま揚げと蓮根がんも焼いて、出汁のじゃこも煮付け、私のへそくり数の子でごまかしながら😆煮えるのを待った😋

寒すぎて、、おでんで熱燗＋これしか
考えられないしょ？

蟹鍋すき！！！
蟹スプーン？蟹鋏？も持ってるんだ〜！！

ステーキ肉スライスしてー（ボロボロ
ですが）無理矢理のすき焼きで😂す。
旨し。日本人だからな〜あ。

045

時差のせいもあって、一日一食になっちまってるんで朝から鍋焼うどん、生姜たっぷり花巻蕎麦。出前の感じで"毎度！"なんて出してみる。主婦も大変だあ。

麦ご飯炊いて、ゆっくり出汁入れながらすり鉢で、麦とろろ（刻んだ紫蘇のっけ）＆蕪の糠漬け…なんかなつかし〜

ゴボウと玉葱、茄子、レンコンの天ぷら蕎麦。西洋ねぎが薬味。ケールとレンティルもちょこっと箸休め😌たまには油とりたい朝食

 Thanksgiving dayはありがた〜いことにお友達のカメラマンの家で過ごします😇桃井家からお持たせ寿司🍣稲荷も今年はラップに包んで😇

 屋上で運動してたらお稲荷さん食べたくなって、それも外で、と言うことでお弁当！急いで作って屋上に‼

久しぶりの晴天。そぼろのお弁当
作ってせめてお庭でたべようか？
みんなどうしてる？ がんばろう！！

5月5日🎏こどもの日。
コロナなんかに邪魔されてなるもん
かね‼️
歳をとるって出来ない事が出来るよ
うになったり。
生きてりゃ、生き慣れて嫌な事もどう
にか出来る。その内きっと生き崩す‼️
なんて粋な、小洒落時間もやってき
ます‼️

コロッケつまみで、映画観ながら飲
んでたら、突然カツ丼‼️と、急遽今夜
の夕食が変更、決定😳あてつけに出
前のふりしてお届けしました！でも
この出前気分がまた美味し。

鯛と鮪の刺身😊春菊のカラシ和え。
"こんなに美味いともう寿司屋行け
ないなー"（あぁまだまだ寿司屋に行
けましぇーん😆だから家ご飯頑張る
ポン😆）

炊きたてごはんでトロの刺身、生ウ
ニ、いくら、椎茸さやえんどうのお吸
い物。"朝から贅沢だね？""まだまだ
がんばれ！自分だからね"美味しい
家ご飯で乗りきろう‼️

とうとう食べます！ちょっとこげた😄赤鯛の一夜干し‼️とアスパラガスの辛子あえ、千枚漬け。ジャガイモのお味噌汁足したらもうご飯粒いらない😊と、、ご飯炊いたのに〜！

好物、鯖の味噌煮‼️冷奴と焼きお揚げ、糠漬けも始めたんよ〜！冷蔵庫臭くなると敬遠してたが大丈夫やるべき！と、ゴボウとモロヘイヤの御味御汁。LAはまだまだ家ご飯です。

 年越しそばしないと!!で
"冷たいの?温かいの?"
どっちにも決まらず両方😋
おせちの準備もできました🤭

 ゴボウにはまってる今朝は豚汁のつ
もりが"うどん入れて!"と旦那が。聞
いたことない😋がやったらメチャク
チャ美味し。

年越しそば〜!!とろろと柚子つゆで決まりです。赤べこ最高にかわいい奴！

#死ぬまで元気!

Q.
ご飯作るのに嫌気がさしてた時、このインスタに出会って桃井さんと繋がってる感もあって
どうにか立ち直り、ついていってます。ご飯作りたくなく成ったりはしないんですか?

A.
そうか!繋がっててくれるんだね?!こういうふうに誰かと繋がりたかったんだ。
だから毎日作って載っけてたんだ。
みんな辛く成ってるに違いない桃井もギリギリ、だからお互いを見守らないと、、、だね😊
たぶんこれがインスタの役割だ。インスタ始めたものの何のためにやるのか?
何でやってるのか意味よく分かんないじゃない?
でもコロナ禍で気が付いた[家ご飯]はきっと誰かと支え合える。

　もう人は簡単に死ぬよ、まだ、そしてまた辛い事も続くよ。神様はどういうつもりだ?
こりゃどういう試練なんだ?時間を止めて我らに何を考えさせる気なんだ?

　このコロナ禍になる直前、愛犬のお袖が死んだ。私を母にしてくれた犬です、
無償の愛なんてものも教えてくれました。私たちより5倍の速度で生きて年取るという事、
死んでいくという事を我々の予告編のように見せてくれました。
色んな覚悟も出来ての古稀です。旦那は"コロナ禍で外食できず、家ご飯のだけだったら
健康診断All Ok!だった"と喜んでおります
"家ではバターも砂糖も、塩もほとんど使わない。天麩羅なんてエ!こんだけの油であげた
の?って感じだから"と友人に自慢しておりました。
生きてる今日が元気で、美味しくて、そんな一日一日が続いて、、、終わるんだといいね。
死ぬまで元気でいようぜ!

和風ライス抜き千切りキャベツカレー🤣
カツとレンティル豆はオンザサイドに❗
だってスゲー辛い‼んだもん🤣

鯖味噌食べきり残り物朝食😋。ブラウンライスとキンピラ、とり酢豚、Leek、キヌアとレンティル、絶好調の糠漬けキャベツだけで十分。写真に入ってないけど豚汁も!

なんだか急にコロッケ食べたくなった😊！キャベツだけわざわざ買いにいってまで、食べた二人〜

 昨夜食べすぎた！ので
"なんか野菜で、トーストみたいなさ〜"なるオーダーなのでキャベツとブラックフォレストハムの温かサンド。
充分ガッツリ
"トマトスープお付けしますか？サービスですけど"
"だったらトマト🍅つけて〜い"だってさ。

 キャベツとベーコンに獅子唐のペンネ。レンティルとキヌアにゴートチーズとビーツのサラダ。イヤ〜!!自画自賛の組み合わせ、美味しい〜!!美味しい!!何度でも!毎日でも!!

生キャベツ！に柚子胡椒とグレープフルーツ酢（作ってみた）のドレッシングとレンズ豆とキヌアの出汁炊き。今朝はこれだけ！

ソーセージ入れててことこと勝手に美味しくなってくれる何でも野菜ぼこぼこの命のスープ。これならどこでも誰でも作れるの!!（屋上キャンプクッキング）

いつもの野菜いっぱいの味噌ラーメン☺
"ただし麺抜きにして〜"
"そんなのあるの?"あるんだそうです
初めて知りました‼

#庭育ち

Q.

お庭菜園！素晴らしい！我が家もベランダでゴーヤやってますが、
やっぱりお庭で育ててみたいな。
前に八ヶ岳で畑耕してる写真見たような、結構意外だったんですが好きなんですね？

A.

そう一回血迷って、八ヶ岳で本式畑作ってみたことありました。とっくに挫折しました😣
LA畑はただ根っこが付いてたほうれん草の根っことか、Leek、とか薔薇に遠慮しながら
お庭の隅に植えさせてもらってたら、時々いい薬味になったりしたんでそれがドンドン増えて😄
それをインスタで見た方が茗荷根ごと送ってくださったり、紫蘇、もちろんバジルとか、
どんどん養子縁組成立の結果いい感じのお助け畑になってます。生き物凄いワ〜背中押される。
私もなんか生やさないとな〜白髪の後に緑咲く。

あ、トマト知らぬ間に！
ア、、カクなるまであと少し。育つ
の見てたら可愛くて食べれん〜!!
で、3日で！こんな色気見せて〜😊
もう向こうが食べてと言うまで待つ
しかないね!!

Kaori畑。一度は枯れて泣かされたのに、又復活して😭お陰様で紫蘇がここまで育ってま〜す。

LAで一番贅沢なパスタ！
シソとガーリックのシソリコ。ケールのサラダも。久し振りに食欲出てる連れ！多分サッカー始まったからだーー！

 紫のバジルが、、確かにバジル！で
もなんか使い方違うの？
いや〜野菜は答えてはくれない〜😊
朝の水やり、野菜と話し合おうと
してるのはちょっとヤバイ？

アメリカ在住の先輩が送ってくれたミツバの苗つきました。つきました〜よ‼︎見事に育ってくれてます！ここ一番の幸せ😇

サンドイッチとトマトスープ、ゆっくりお庭でいただきまーす😊皆どしてる？まだご飯作ってる、繋がってるかな？

ベトナムフォ〜です。海老とホタ
テ、生玉葱、レタス〜ハラペ〜ニョ
〜‼️お庭のペパーミントトッピン
グしてバカ美味でした‼️

＃Xmasじゃないの

Q.

今年も桃井さん家のクリスマスツリーを我が物にして、同じ様にシャンパン（ドンペリじゃないけど）＆
キャビア（ウチはイクラだけど）24、25日を一人で乗り切りまーす。
桃井氏はクリスマスが好きなんですね？っていうか季節のセレモニー絶対やってるでしょう？
女の人ってなんでこういうの好きなんなんだろう〜か？

A.

桃井の父である桃井氏の実家が実は教会なんですよ。
Xmasって教会にとっては最大イベントで、蕎麦屋の大晦日！（でもただ静かに祈るだけ）
だから子供の頃は家でXmasとかってあんまりやった記憶がなくて、、😨 だからか😖
多分一人暮らしになった20代前半くらいから毎年この2m半のXmas treeって奴やってる
と思う。チャームのマリアもその頃から（当時の仲間からのプレゼント🎁一つ一つが手作りでちょっと
ずつブスだったりおデブだったり愛しい奴らです）
特に一人で飾り付けしてた時は馬鹿馬鹿しくなって止めとこうかとも思うんだが、
一度庭かなんかに出て振り返ってツリーのある家見てると"いつかツリーのあるこんな家に住みた
いな〜オイ！今住んでるんかい！"とか一人突っ込んでまた頑張れます😊
今は結婚後に必ず二人で行う共同作業です。
またアメリカだと20日〜1/5くらいまで飾って置けるし、LAの家がまた似合うから〜
Xmasは絶対的に家パーティーだし、我ら日本人はそのままお正月に突入。
もっとも[桃井屋]もお客さんが半端ない時期。これもたまにダルイが家のパーティルールは
2時間前から始動で一気に用意する！
"たった2時間で30人であろうと50人であろうとどうせ同じことです！サ〜桃井選手！
今回は何時間縮められるんでしょうか❓早くしないと二人だけで楽しむ蜜月の時間が
失われてしまいます！頑張レ！！桃井！昇る朝日は止められない❗"
旦那の生中継で挑んでおります。
結局セレモニーって、うち祭り😀日常に🎀リボンつけてたまにはおめかししたいのが女の子です。

Xmas！どしても食べたい〜
"MOTTRA!!"のキャビア！一番の
贅沢は旦那のXmas present！！！

出かけられないんで旦那さんがステーキ焼いてサラダも作って結婚記念日致しました！もうステーキなら一番美味い！となると、どこにも行かなくなる😆じゃないか。

旦那BIRTHDAY—eve👑
"今年は何もしてあげられないけど、、
🎁せめてラム焼いて（それも旦那が）"
"や〜去年も家でラム焼いて食べたんだよ‼"だったそうです。

旦那がXmas Dinner Produce🤳
生牡蠣買ってきてくれた〜🥟もう
牡蠣だって開けられるようになっ
てしまった二人〜‼

今年だからこそXmas Dinner〜‼
蟹〜‼他にもいっぱい有るよ〜。
ローストビーフもいいできです。

085

旦那のBIRTHDAY...!!何も特別が
出来ない今年ですが、キャビアとシャ
ンパン!!小さい花火でお祝い🎁🎂

60代最後のBirthdayは不覚にも
シャンパンで乾杯したら寝てしま
い😴起きたらタイレストランの出
前が届いていました🤣

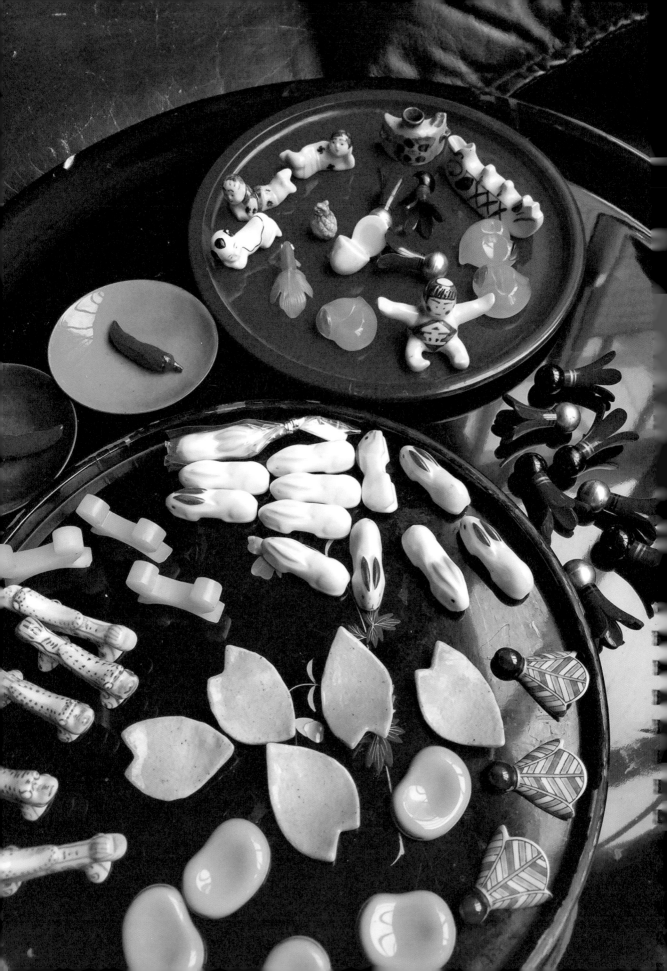

#器の話

Q.

毎回、器が素敵で本当に楽しみ！正に目で撫でる、目で食べてます。
でもどんだけ食器持ってるの？只者じゃない数じゃないの？
如何やったらこれだけになるの？一度食器棚見てみたい、見せて！！

A.

これこそ年の功！どっかに行くと一つ思い出に！と、何かの記念に！と、こっちが探すというよりも目が合う、気が合う、勝手に向こうからやってきて（頂いて）一番の相棒になってくれてくれてるという流れで、それは桃井が生きて来た足跡の様なものなのです。

　まあそりゃすっかり忘れてた物も、よくインスタに登場するキッチュな中華セットなんか、20歳そこそこで上海に行った時ホテルのロビーウインドウに飾られてた😊数と重さを考えると持ち帰るのは不可能かと思われたが、国際結婚でもするが如く勢いで買って。LAに持ち込む迄30年も使ったことすらなかったのに、今やレギュラーです。
山の家には備前の様ながっつりした男鉢が美味しい、東京ハウスはちょっとスノッブな物でもOK！事務所ビルは真っ白しか駄目、LA暮らしはごちゃ混ぜ世界一、と、家と器はしっくりいく共犯関係にある。

お皿って下着に似てると思うんだ、服を着る時と脱ぐ時にしか目が合わない。お料理を盛りつける時と、お皿洗う私だけが本来のお皿を見つめてる。

衣食住の服はね😊もう桃井の場合は職業柄なんでも衣装なんだね（いやみんなもそうかもだが）もう私服まで変装、扮装の一種でしょ。
変だがもう桃井自体がぬいぐるみ🧸ですから（笑）"着なれ着崩す！"
付き合いが無くなって😖
結局、食と住が残った訳です。

が、最近気がついたのは家というのにも儚い別れが待っている。LAの家も東京ハウスも3階建てでいつか階段上れぬ日々もやってこよう😱 ちょっと愚痴らせてもらうとうちの母は家さえ買っておけば老後も安泰と言い続けたが、家ってやっと馴染んでやっとこさローン終わって、さ〜安心しようと思った頃リノベーションが始まるって知ってました？銀行もそれは教えてくれませんでした。まあこの暮らしができる間だけ、生きてる間だけ、楽しめるという事らしい。

さぁー疲れはみ出るその前に最後の
お働き正月準備。まずオニシメ煮な
がら花生けたどー😊自家製門松風

今年も宜しくお願い致します。。😄
がっつりお雑煮食べて〜飲んで、
もぅ緩んでます

明けました🙏今年もよろしくです。
お雑煮とおせち今年は人数おおいい
ので、なんか全力で？飲んでまっす🍶

今年は二人だけなんで😺マス技駆使してちょこっと多種類🤎

お雑煮！今年は薄味盛りだく！
おとそもしないと年に一度しか登場
しないもんな〜👻

野菜いっぱいお雑煮、飽きずに三が日
ちゃんといただき😊ました。

お正月器。ずーと桃の漆器だとばかり
思ってたが、もしかして栗?中から栗きん
とん?いや数の子か?どっちも😊😺😺

#お正月だもの

Q.

LAで見事な御節見せ付けられて、慌ててうちもスーパーで買い揃えてみたものの様にならない、お重なんてものがうちには無かった。やっぱりお正月しないと後ろめたいんで買おうかと、でもお正月だけ使うものなんて邪魔だし、、買うべき？

A.

買うべき！結構お持たせで他所ん家にいたり、お弁当ピクニックとか、タッパーなんて言わないで使おうよ〜😶ワラシは19の誕生日に百合の柄（ニス塗りぽい）のお重に一目惚れして、使い勝手の良さに惚れ直して。また沖縄で本式漆なのに柄がハイビスカスだったり🌺今やゴーヤ柄があるらしんだが、出会って、ちょっと小さめなんで日常使いも出来て。とにかく様になるんで大好きよ〜😗
お正月だから！お餅もついて！（餅つき機だがこれもあったらいいよ〜）お雑煮はもちろん、からみ餅！磯部焼き！（夏のバーベキューの締めでも最高）8時間もち米つけときゃなんないんが難点なんだが、お正月だから！と年に一度だけなら頑張ればいい。
桃井は今年は12枚のして😳
いつもの仲間に送りました🤤もういいことあるに決まってんじゃん？
お正月だから！と、ちょっとだけ無理難題引き受けてこうして体力と根気を育てます👻

朝からお餅のしてま〜･す😊昨日お水につけとくの忘れ😣一日仕事になっちまいました😅だからご飯は絡み餅

柚子があるからお雑煮のつもりだが、これ見て😣お餅アートだしょん？😸

今年も餅ついたど！今買い出し中！押し迫って来たどー！！

#旅土産

Q.

見ました見ました！シルバー食器なんて持ってる主婦なんてきっと世界広しといえども
きっと桃井さんだけじゃないかと？前からお家にあったものなんですか？お手入れとか
大変なんじゃ？教えていただいてもシルバー食器ないんであれなんですが、、すいません。

A.

お手入れはお湯にアルミ箔入れて煮ると結構綺麗になって、あとは食器用のシルバー磨きでコツ
コツ。イギリスのおばーさんみたいな気分でそんなに嫌な時間でもなくなる化学式😈
まずはパリの蚤の市、イタリア、ロンドン、ニュージーランド、どこの蚤の市行ってもシルバー食器
なんて絶対売ってる訳で。最初フォークナイフ、スプーン、バラバラなんだが数が揃ってるよ！と買
わされたのがすこぶる良くて。お手頃価格で。旅記念に！😬
連れの旦那曰く"本当にいるの？欲しいの？使うの？"と毎回質問攻めに🙄
"パーティん時割れる心配ないし有ってもいい物かと、、"
"ケイタリングだと思われない？　大丈夫なの？"
"LAの家だ！からなの！だってあの家なら似合うよ、きっと素敵よ〜いざとなれば花瓶に"血迷いま
くる桃井の手を取って、重すぎるお土産を黙って持って持ち帰ってくれるのも連れの仕事です。😵
"LA引き上げる時は、蚤の市僕らがやらないとね？"
"そうこんな物は老後の日本には決して要らないね(笑)"

Birthday Present?!
旦那さんのバースデープレゼントはな
んと！シルバーのバッグ👜と思いきや。
いやこれクッキー入れ😳なんだと。でも
素敵😊#birthdaypresent🎁

また買っちまった..でもシルバーは
壊れないから😄

#桃井BAR

Q.

屋上気持ち良さそう〜。あのお庭があればなかなか屋上なんて行かないのかと思ってたら、結構桃井さん家はフル活用して、運動してたり、バーベキューなすってたり、楽しそう。

A.

コロナ禍で1年半お家に籠ってるだけとなった日々。思い切ってマスクしながら改装したのがこの屋上のカウンターと、壊れてたスチームサウナ。

週1度のジム通いが出来なくなった途端、鬼のインストラクターと化した旦那のブートキャンプが始まった😫毎日小一時間😰私は一足お先にサウナとそのままバーカウンター分捕ってビールです。これがしたくての改装と運動です!

たまにはヒチリンでお揚げ焼いて、お肉焼いてキャンプ気分。

海を覗くカウンターは16人分の長さ!?なんでこんなに長くなったのか?

椅子探すのが大変じゃんね〜

"いやこっちの人は立って飲むから椅子なくていいんじゃない?"

"古稀を迎えた我らはいるでしょ!"

いつかコロナが完全に開けたら、ここにお客さんが一列にラインダンスの様に並ぶだろう桃井BARのある日を思う。

"いつか此処に鯉のぼりも揚げよう!"連れの賛成の声はなかったが風は気持ちよく頷いた。

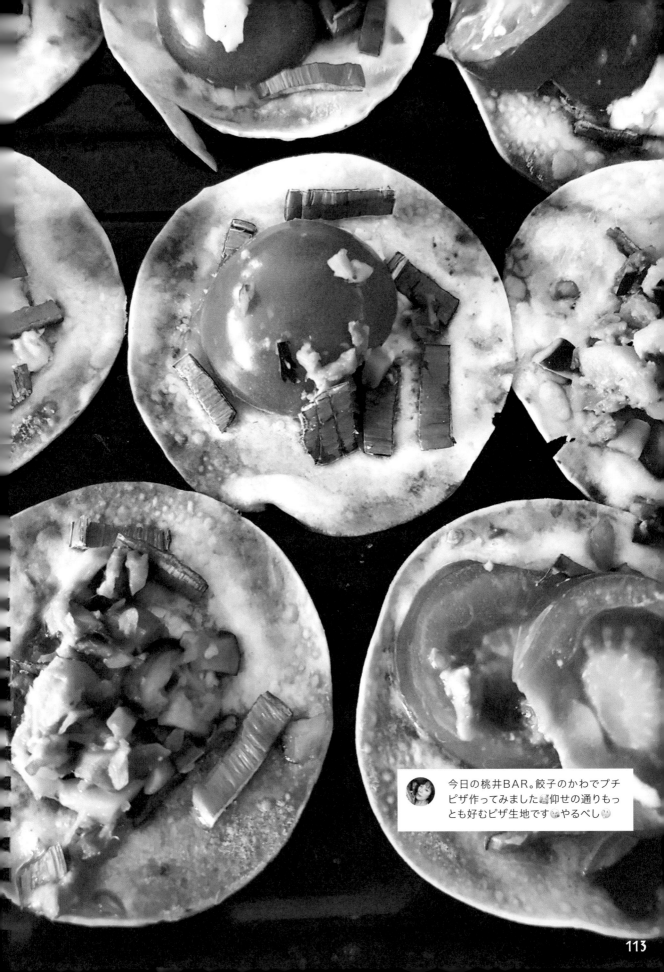

今日の桃井BAR。餃子のかわでプチ
ピザ作ってみました🍳仰せの通りもっ
とも好むピザ生地です😋やるべし😋

113

なんか〜〜😆って時！
ワンタンの皮でチーズに、オニオン、トマトのっけトースター1分。あまりの速さに第2だんも！ハムいれて〜〜😆

串刺し3年焼き8年😅トマトのプロシュート巻き、ねぎま、アスパラの振りしてインゲン、椎茸、一番串刺し大変だが絶対いる鶏皮用意したらオーブントースターで焼くだけ。居酒屋気分🤭！

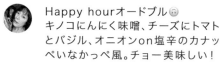

Happy hourオードブル😊
キノコにんにく味噌、チーズにトマトとバジル、オニオンon塩辛のカナッぺいなかっぺ風。チョー美味しい！

焼き鳥！だから鶏、椎茸、トマト、西洋ネギ、ホットドッグのソーセージも。厚揚げも山葵で。ちょこっとずつのつもりだったが😄

屋上雨漏り工事終了！！！
ついでにスタンディングバーができて誰もいないプライベートバー登場🍷

出掛けられなくても今夜は家バーで。注文のツナ缶＆玉ねぎ、フォアグラパテ、チーズトマトのカナッペ。と、ポテトスキンはOn The House😊

旦那ちゃんカクテル💋
ビールもこのバーテンさんだと泡が
細かくて凄く美味しいの〜‼️

桃井バーは湯豆腐！です😊出汁醤油は
おでんの汁が隠し味😊美味。湯豆腐桶
日本から持ってきた甲斐があります😊
みてるだけで美味😋

旦那カクテル。オリーブいっぱいの
ドライマティーニトマト入り😊
いやイケる😆

117

More KAORI

01.

キャベツステーキ

キャベツの外側5面を半円形に切り出し、トリュフオイルで焼くだけ！
コツは少し蒸し焼きにしてもいいか、ただただ動かさない事！
仕上がりにトリュフオイル、涙五滴

トリュフオイルでただただ焼いたキャベツのステーキ、ホタテ貝と海老のガーリックワイン蒸し。ガスパチョスープ。オーブン使い出したら楽でたまらん！

02.

ラムのビリヤニ（タジン鍋が必要）

ラムカレーを作り、炊き立てライスと共に混ぜて、
タジン鍋で蒸らしほど良きところでテーブルに！
土鍋でも出来るかもだが、
蒸らしが味付けなんで蓋取らず〜ね

インド料理ラムのビリヤニやりました！
カレーの炊き込みご飯ス😋タジンナベ
（去年のXmasプレゼントで貰ったん
だが使いきってなかった😄）で野菜蒸
したらもう完璧。旅気分ス！

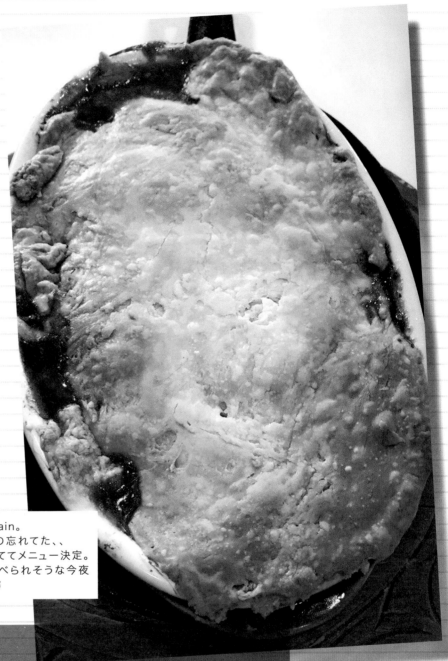

シェパードパイagain。
"ちょっと食べるの忘れてた、、
ネ---?" 二人で慌ててメニュー決定。
もういくらでも食べられそうな今夜
😈😷😵😫😤😠😵😇

03.
シェパードパイ

❶ 深めのオーブンザラにバタ塗っとく。
❷ 玉ねぎ炒めて＋牛ミンチ（豚ミンチ少し入れてもいい感じ）
　＋ウスターソース＋OX2個くらい？
❷の混ぜた物を❶に敷き詰め、その上にマッシュドポテトを敷き詰め、
バタでコーティング。（パン粉振りかける時もあり）
オーブンで焦げ目つけばOK〜

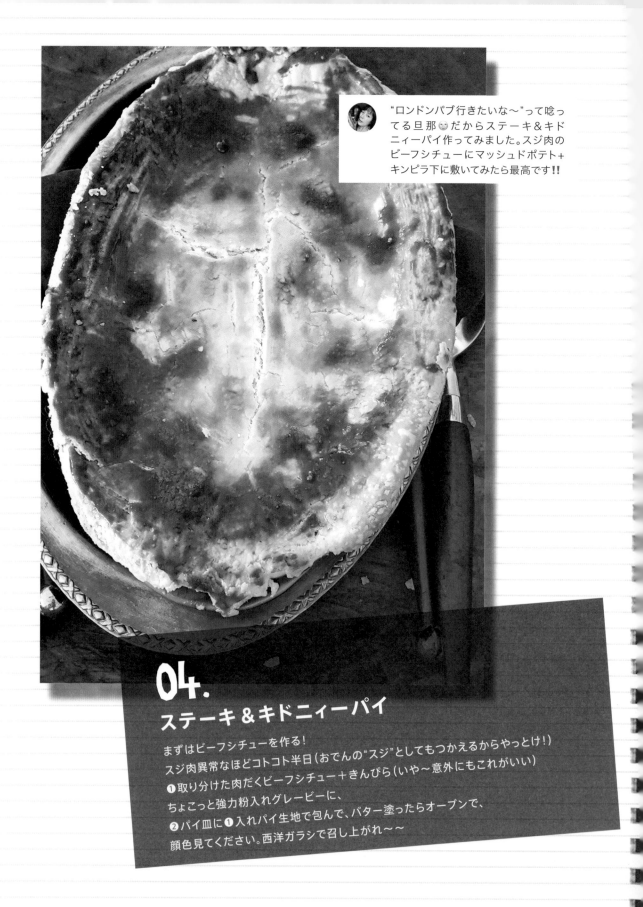

"ロンドンパブ行きたいな〜"って唸ってる旦那😊だからステーキ＆キドニィーパイ作ってみました。スジ肉のビーフシチューにマッシュドポテト＋キンピラ下に敷いてみたら最高です‼

04.
ステーキ＆キドニィーパイ

まずはビーフシチューを作る！
スジ肉異常なほどコトコト半日（おでんの"スジ"としてもつかえるからやっとけ！）
❶取り分けた肉だくビーフシチュー＋きんぴら（いや〜意外にもこれがいい）
ちょこっと強力粉入れグレービーに、
❷パイ皿に❶入れパイ生地で包んで、バター塗ったらオーブンで、
顔色見てください。西洋ガラシで召し上がれ〜〜

05.
オニオングラタンスープ

❶フライパンでただただ膨大な玉葱をキャラメルド
（キャラメル色になるまで炒める）する、
（これは結構疲れるが、やっておけば冷凍して、カレーにも、
ハンバーグor ホットドッグのトッピングにも、もっち朝からグラタンスープも軽い）
❷オーブン用のカップに❶とOXスープ＋トーストした
フランスパン＋チーズ（2種類欲しい）順番正しくのっけて、
オーブン。あとは顔色見てて〜

06.
激辛麻婆豆腐（此れは中国で買ってきた花山椒がないと、、）

花山椒＋刻み唐辛子＋擦り生姜炒め（うちはお肉入れないが入れるならここで）、
香りが出たら豆板醤＋黒豆豉＋コチジャン（八丁味噌）＋蕎麦つゆ、で味調え、
水切りしお好みサイズの豆腐一気に入れ、コトコト味が染みるまで弄らない！、
出来上がりにたくさんの刻みネギ入れて〜

123

07.
ミラネーゼ

ラム肉とにかく叩いてのばす
（意外と肉って叩くと柔らかく薄くなってくれる）。
塩胡椒味付け。粉＋卵＋パン粉
（この時だけは細かいパン粉がいい）
＋ちょこっと粉チーズと刻みパセリかバジル！で、
揚げるだけだが、油（オリーブオイル）入れ過ぎると
平らになりにくいんで浸る程度で頼む！

ミラネーゼ。キャベツに紫蘇とパプリカ。
やっぱ生野菜がほしい。ボニッシモ😊
旦那大絶賛の一品となりました‼

08.
ドレッシング

a) ハニィードレッシング (ドレッシングは色々作るからな〜)

　レモンか柚子搾って＋ナンプラー（1対1）に蜂蜜と刻んだ唐辛子。
　仕上げに刻んだナッツパラパラ。

b) 青のりドレッシング (これ友達伝授)

　キャベツ手で千切って、鮨酢＋柚子胡椒＋青海苔をぶっかけます。

c) ❶バルサミコ＋オリーブオイル＋黒胡椒

　ほうれん草に❶を混ぜとく、レンティル豆とビーツ
　（ビーツは暇な時、お酢で茹でて、浮かないようお皿のっける）
　ゴートチーズ。あとのっけ。

d) ホットドレッシング。

　フライパンに（ごま油）刻んだベーコン炒って
　カリカリになったら、ポン酢入れて一煮立ちで、ほうれん草の上にかける。

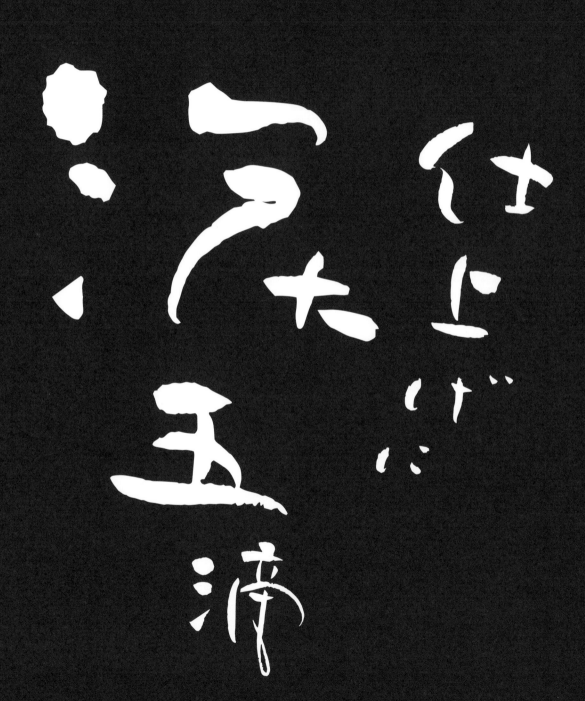

東京暮らし

桃井家家宝のお雛様、
美しいでしょ😊 LAに持ち帰りたい
が、、許し出ず😺まぁしゃぁない。

山暮らし

LA LA LANDな日。

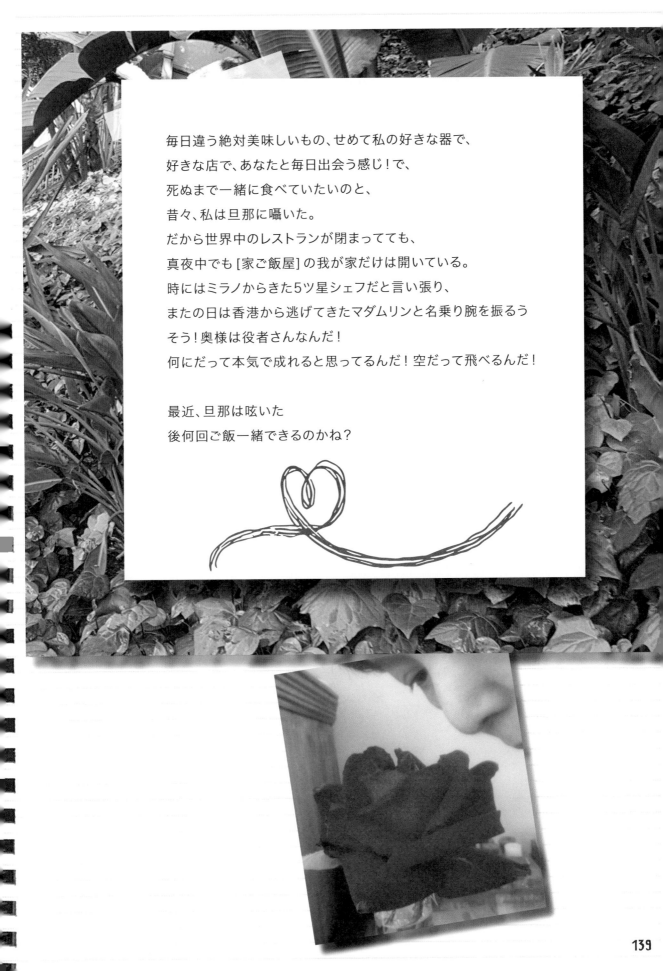

毎日違う絶対美味しいもの、せめて私の好きな器で、
好きな店で、あなたと毎日出会う感じ！で、
死ぬまで一緒に食べていたいのと、
昔々、私は旦那に囁いた。
だから世界中のレストランが閉まってても、
真夜中でも [家ご飯屋] の我が家だけは開いている。
時にはミラノからきた5ツ星シェフだと言い張り、
またの日は香港から逃げてきたマダムリンと名乗り腕を振るう
そう！奥様は役者さんなんだ！
何にだって本気で成れると思ってるんだ！空だって飛べるんだ！

最近、旦那は呟いた
後何回ご飯一緒できるのかね？

Staff credit

ディレクション&スタイリング　　飯嶋久美子　Kumiko Iijima
アートディレクション　　手島 領　Ryo Teshima（DESIGN BOY）
デザイン　　大城亮太　Ryota Oshiro（DESIGN BOY）
コーディネート（LA）　　Mai Takamizawa
撮影（LA）　　Yukibumi Josha
ヘアメイク（LA）　　Chika Nomura
校正　　麦秋アートセンター
レタッチ　　関口五郎　Goro Sekiguchi（Office route56）

Special thanks　　清水ミチコ　Michiko Shimizu
　　椿 鬼奴　Oniyakko Tsubaki
　　TAKA（ONE OK ROCK）

桃井かおり　MOMOI KAORI

1951年、東京生まれ。
12歳から英国にバレエ留学。高校卒業後、文学座附属演劇研究所に所属。1971年に「あらかじめ失われた恋人たちよ」で映画デビュー、以降、「もう頬づえはつかない」(79)などで活躍し、高い評価を得る。ロブ・マーシャル監督の「SAYURI」(05)でハリウッドデビューを果たして以降海外作品にも出演。06年、自身の短編小説を映画化した「無花果の顔」で長編監督デビュー。ベルリン国際映画祭でNETPAC賞(最優秀アジア映画賞)を受賞。16年の「火 Hee」でロサンゼルス日本映画祭監督賞受賞。歌手、プロデューサー、デザイナー、エッセイストなど多くの顔をもつ。08年、紫綬褒章受章。

かおり的家ご飯

2021年7月19日　初版発行

著者　　桃井　かおり

発行者　青柳　昌行

発行　　株式会社KADOKAWA
　　　　〒102-8177　東京都千代田区富士見2-13-3
　　　　電話0570-002-301 (ナビダイヤル)

印刷所　凸版印刷株式会社

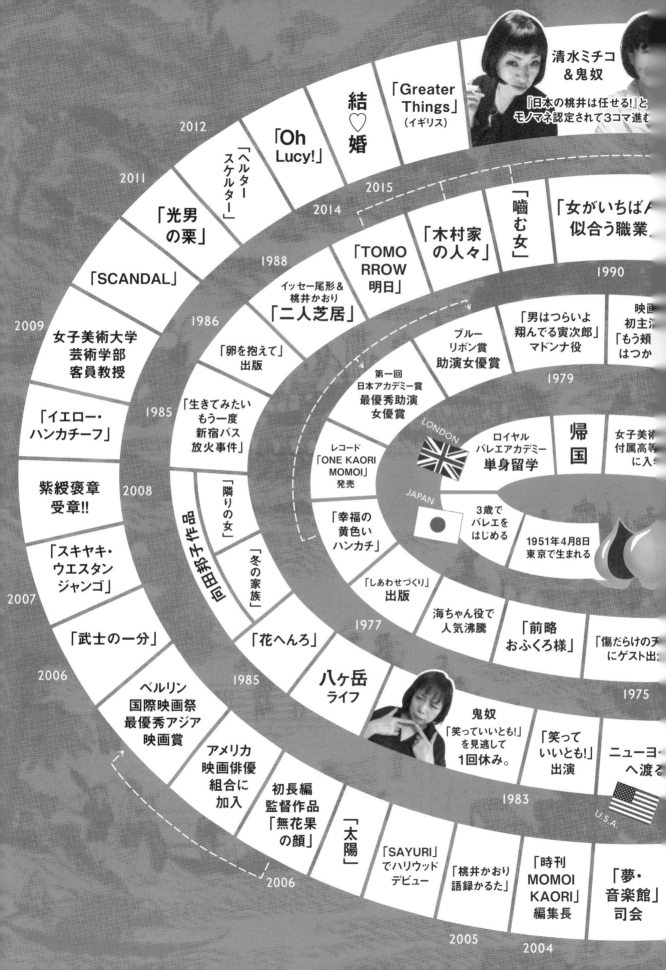

清水ミチコ
＆鬼奴

『日本の桃井は任せる!』と
モノマネ認定されて3コマ進む

「Greater
Things」
（イギリス）

結♡婚

「Oh
Lucy!」

「ヘルター
スケルター」

2012

2011

「光男
の栗」

「SCANDAL」

2009

女子美術大学
芸術学部
客員教授

「イエロー・
ハンカチーフ」

紫綬褒章
受章!!

2008

「スキヤキ・
ウエスタン
ジャンゴ」

2007

「武士の一分」

2006

ベルリン
国際映画祭
最優秀アジア
映画賞

アメリカ
映画俳優
組合に
加入

初長編
監督作品
「無花果
の顔」

2006

2015

2014

1988

イッセー尾形＆
桃井かおり
「二人芝居」

1986

「卵を抱えて」
出版

1985

「生きてみたい
もう一度
新宿バス
放火事件」

向田邦子作品

「隣りの女」

「冬の家族」

「花へんろ」

1985

八ヶ岳
ライフ

「太陽」

「SAYURI」
でハリウッド
デビュー

「TOMO
RROW
明日」

「木村家
の人々」

「噛む女」

「女がいちば
似合う職業

1990

ブルー
リボン賞
助演女優賞

「男はつらいよ
翔んでる寅次郎」
マドンナ役

映画
初主演
「もう頬
はつか

1979

第一回
日本アカデミー賞
最優秀助演
女優賞

レコード
「ONE KAORI
MOMOI」
発売

LONDON

ロイヤル
バレエアカデミー
単身留学

帰国

女子美術
付属高等
に入

JAPAN

「幸福の
黄色い
ハンカチ」

3歳で
バレエを
はじめる

1951年4月8日
東京で生まれる

「しあわせづくり」
出版

海ちゃん役で
人気沸騰

「前略
おふくろ様」

「傷だらけのチ
にゲスト出

1977

鬼奴
「笑っていいとも!」
を見逃して
1回休み。

「笑って
いいとも!」
出演

ニューヨ
へ渡る

U.S.A.

1975

1983

「桃井かおり
語録かるた」

「時刊
MOMOI
KAORI」
編集長

「夢・
音楽館」
司会

2005

2004